D1493231

ROMÂNIA

o amintire fotografică · *a photographic memory*

Fotografii/Photo
© Florin Andreescu

Concepție/Concept
Florin Andreescu

Text
Anda Raicu, Mihai Ogrinji

Traducere/English translation
Doina Caramzulescu

Procesare imagine/Image processing
Gina Büll, Cristina Busuioc

Descriere CIP a Bibliotecii Naționale
ANDREESCU, FLORIN
România: o amintire fotografică / foto: Florin Andreescu; text: Anda Raicu, Mihai Ogrinji.
București : AD LIBRI, 2002
        p.; cm. - (Călător prin țara mea).
        ISBN 973-85518-4-6

77(498)(084)

Editat © Ad Libri srl
(tel/fax:01-212.35.67, tel.:01-610.37.92; e-mail: flphoto@xnet.ro)

ROMÂNIA

o amintire fotografică · *a photographic memory*

Fotografii: Florin Andreescu
Text: Anda Raicu, Mihai Ogrinji

© Ad Libri

If you knew how beautiful my country is! With these words, imbued with both pride and nostalgia, the great Romanian painter, Nicolae Grigorescu, challenged his colleagues and friends in Paris to make a journey to his homeland, Romania. With these words, this classical painter was therefore defining a country, whose colors, forms and perspectives embodied the very essence of picturesqueness. Only later on, maybe, during the long romantic talks of that epoch - we are in the second half of the 19th century - the young artist explained the details: the smooth Carpathian Mountains, registered by history before some of the other European mountains because of their gold riches; the hills covered with orchards and vineyards; the long roads in the plains which reached the banks of the Danube, the old river that represents the southern border of Romania which flows on for 1075 kilometers forming, before flowing into the Black Sea, one of the wildest and most mysterious Deltas in the world. Beautiful flowers have impressed travelers who have reached Romania since the mist of time. They are accompanied by rich wildlife, wherefrom the protected plants - monuments of nature - are not missing but also a fauna with exceptional samples of stags and bears, of chamois, lynx, wild boars, crowds of birds and butterflies. Caves and waterfalls, mineral springs, glacial lakes, impressive megalithic rocks, gorges, fields covered with daffodils or peonies, rivers where trekking adventures may be experienced on board the modern boats and also on rafts - all these represent the many luring landmarks for the traveler of any age.

The Romania of churches, abbeys and monasteries is also a beautiful and elevating country, be these institutions Orthodox - the religious belief of the majority of the population - or Greek-Catholic, Catholic, Islamic or Jewish. The Romania of villages is definitely amazing with its rites and with an atmosphere that has been preserved since archaic times not only in museums, but in the lively daily way of living of the people, with a conquering gastronomy and with unique songs. A country of voivodes and kings, Romania fulfilled its lofty ideal to unite into a unique powerful state on 1 December 1918 - a date which is celebrated today as the National Day of the country.

More than 22,000,000 people live today in the space stretching between the Danube and the Black Sea, whose spine is represented by the Carpathians arch. The country of Romania has an almost round geographical form, covering a surface of 238,391-sq. km. located at half the distance between the Equator and the North Pole.

*D*e-ați ști voi ce frumoasă este țara mea! Cu aceste cuvinte, ascunzând și mândrie, și nostalgie, pictorul Nicolae Grigorescu își provoca, la Paris, colegii și prietenii la o călătorie în patria sa, România. Simțul sigur al acestui clasic al penelului definea, astfel, un tărâm ale cărui culori, forme, perspective întruchipau însăși esența pitorescului. Abia mai apoi, poate, în lungile discuții romantice ale acelei vremi - suntem în a doua parte a secolului al XIX-lea - tânărul artist avea să explice și detaliile: blânzii munți Carpați, intrați în istorie înaintea altora din Europa, datorită bogăției lor în aur, dealurile acoperite de livezi și vii, lungile drumuri de șes ajungând până la marginea Dunării... Bătrânul fluviu, care formează granița de sud a României, curge aici pe o distanță de 1.075 km, formând, înainte de a se vărsa în Marea Neagră, una dintre cele mai sălbatice și misterioase Delte ale lumii. Frumoasa haină vegetală, care a impresionat din toate timpurile călătorul ajuns pe meleagurile românești, însoțește o harnică viață a naturii din care nu lipsesc plante ocrotite - monumente ale naturii - dar și o faună cu excepționale exemplare de cerbi și urși, de capre negre, râși, mistreți, popoare de păsări, fluturi.

Peșteri și cascade, izvoare minerale, lacuri glaciare, impresionante roci megalitice, chei și pajiști cu narcise ori bujori, râuri pe care pot fi încercate aventuri cu ambarcațiunile moderne dar și cu plutele - toate acestea înseamnă repere îmbietoare pentru drumețul de orice vârstă.

E frumoasă și totdeauna înălțătoare o Românie a bisericilor și mănăstirilor, fie ele ortodoxe - credință a majorității populației - fie greco-catolice, catolice, islamice sau iudaice. Este de-a dreptul uimitoare o Românie a satelor, cu ritualuri și atmosferă păstrând timpul arhaic nu în muzee, ci la modul viu, cotidian, cu o gastronomie cuceritoare, cu cântece nemaiauzite. Țară cu voievozi și regi, România își împlinea idealul național al Unirii într-un singur stat puternic, la 1 Decembrie 1918 - dată sărbătorită azi ca Zi națională.

Peste 22.000.000 de oameni trăiesc în spațiul cuprins între Dunăre și Marea Neagră, având drept coloană vertebrală arcul carpatic. Pământurile românești întruchipează o formă geografică aproape rotundă, întinsă pe o suprafață de 238.391 kmp, la jumătatea distanței dintre Ecuator și Polul Nord.

Heights,
stone and water,
sun and clouds

Înălțimi,
piatră și apă,
soare și nori

Munți și văi de râuri, o ondulare a peisajului - pe care filozoful și poetul Lucian Blaga o punea în relație cu structura sufletească și cu miturile poporului român - creează priveliști de neuitat. Carpații românești prelungesc familia peisagistică europeană, oferind privirii încântări în toate cele patru anotimpuri. Bucegi, Retezat, Făgăraș, Piatra Craiului, Ceahlău, Rodna, Munții Maramureșului, Apuseni, Munții Banatului - sunt principalii masivi românești. Drumețul găsește aici pajiști alpine și păduri misterioase, chei și peșteri, trecători și sate care urcă până la aproape de 1500 m altitudine.

Cineva a numit lacurile, pe bună dreptate, "ochii pământului". Că sunt lăsate de Dumnezeu, că s-au născut prin vrerea omului - precum Bicaz ori Vidraru - aceste oglinzi lichide au ca protectori fie grandioasele stânci în munți ca Retezatul, fie păduri de brazi și foioase ori chiar simpla și tulburătoarea vastitate a cerului în nesfârșita câmpie.

"Eu cred că pădurile au suflet" - scria cu îndreptățire unul dintre marii colindători ai peisajului românesc, scriitorul Calistrat Hogaș. Un arbore se bucură, se întristează, presimte, așteaptă, cel puțin așa l-a perceput sufletul arhaic românesc, născând binecunoscuta metaforă "codrul, frate cu românul". Fiecare "etaj" de natură are farmecul ei - fagul, stejarul și gorunul, carpenul, molidul, bradul, rezistenta tisă ori laricele, declarat monument al naturii. Rătăcind, iscodind prin păduri, privirea se lasă furată de cele mai stranii culori pe care le arborează vegetalul. Și poetul adăuga, pe bună dreptate: "Vă mai aud, păduri..."

Cascada e, în fond, un voal de mireasă. Sau o beteală ce vine dinspre neștiut, prăvălindu-se peste abrupturi și bolovani, poate cu siguranța că va găsi totdeauna pe cineva de vrăjit. România nu are mari cascade precum Niagara sau Victoria, dar există totdeauna, undeva, o aventură carpatină în care trebuie să apară adesea și asemenea fuioare înspumate precum cele ale Beușniței, cele ale Lolaiei, precum Duruitoarea sau Răchițele...

Marea majoritate a râurilor românești izvorăsc din Carpați. Între ele - Mureșul, Oltul, Argeșul și Siretul, Someșul, Jiul. "Apa ce curge și amintiri nu are", zicea Lucian Blaga. Unele râuri-pârâuri rămân frumuseți de contemplat, altele se transformă în neuitate drumuri pentru aventuri dintre cele mai tentante, cu înnoptări în cort, pe maluri, cu focuri de tabără și întâlniri neașteptate.

Două sute de chei, câte există pe teritoriul României, sunt tot atâtea încremeniri ale zbuciumului geologic pe care l-a trăit lanțul Munților Carpați, născând o lume stranie, spectaculoasă. Cheile Bicazului și ale Turzii, cheile Nerei și cheile Galdei, cheile Oltețului, Gilortului ori ale Sohodolului sunt doar câteva priveliști care rămân ținte frecvent căutate de aparatul de fotografiat sau de filmat.

Cel mai grandios defileu din Europa se găsește în sudul României, între Baziaș și Gura Văii, unde Dunărea străbate Carpații pe o distanță de circa 140 km, într-un peisaj cu abrupturi tăiate în granit și calcar...

ountains and river valleys, a winding landscape - related by the well-known Romanian philosopher and poet Lucian Blaga to the spiritual structure and the myths of the Romanian people - create unforgettable scenarios. The Romanian Carpathians prolong the panorama of European scenery, providing delightful sights in all four seasons of the year. Bucegi, Retezat, Făgăraș, Piatra Craiului, Ceahlăul, Rodna, Maramureș, Apuseni and the Banat Mountains - are the main Romanian massifs. The traveler comes across alpine pasture lands and mysterious woods, gorges and caves, ravines and canyons, as well as villages located 1,500 m. high up the mountains,

Some one has rightly called the lakes, the Eyes of the Earth. Whether created by God, or born through man's will - such as the lakes of Bicaz and Vidraru - these liquid mirrors are protected either by the majestic rocks in mountains such as Retezatul, or by fir and leafy woods, or even by the simple and thrilling immensity of the sky over the endless plain.

"I think that the woods have a soul" one of the great hikers through the Romanian landscape, writer Calistrat Hogaș, once wrote. A tree is happy, or sad, it has premonitions, it expects something, at least this is how the Romanian archaic soul had perceived it, giving birth to the well known metaphor "the forest is the Romanian's brother." Each category of nature boasts its own charm, such as the oak, the beech, the hornbeam, the evergreen oak, the spruce fir, the resistant yew tree or the larynx which has been declared a monument of nature. While strolling through the forests, we are fascinated by the strange colors of the trees, and the poet rightly added:

"I still can hear your sound, you forests...."

A waterfall is like a bride's veil. Or as a gold thread which comes from some unknown place, falling down over steep slopes and rocks where it will certainly find something or someone to throw its spell upon. Romania does not have huge waterfalls such as Niagara or Victoria, but there is always somewhere a Carpathian adventure where such foamy waters like those of Beușnița, Lolaia, Duruitoarea or Răchițele will emerge....

Most of the Romanian rivers spring from the Carpathians. Worth mentioning among the latter are Mureș, Olt, Argeș, Siret, Someș and Jiu. "The water flows and it is deprived of memories," Lucian Blaga wrote. Some of these rivers or rivulets remain exquisite beauties which have to be contemplated in silence, some others are turned into unforgettable trekking adventures with nights spent in a tent on their banks, with camp fires and unexpected meetings.

The two hundred gorges to be found on the territory of Romania are like many stone-still miracles of the geological turmoil witnessed by the Carpathian Mountains chain, giving birth to a strange, spectacular world. Bicazului or Turzii Gorges, Nerei and Galdei Gorges, Oltețului, Gilortului or Sohodolului Gorges are only some of the luring scenes which represent favorite targets for a camera.

The most magnificent narrow pass in Europe is to be found in southern Romania, between Bazias and Gura Văii where the Danube crosses the Carpathians on a distance of about 140 km. with a landscape endowed with steep slopes cut into the granite or the lime stone....

Lacul Bâlea - lac glaciar în M-ții Făgăraș, la 2.034 m altitudine
Bâlea Lake - 2,034 high glacial lake in Făgăraș Mountains
◁◁

Babele - stânci megalitice în masivul Bucegi
"The old ladies" - megalithic rocks in Bucegi Massif

Lacul Bolboci
Bolboci Lake

Lacul Izvorul Muntelui, lac antropic construit pe cursul mijlociu al râului Bistrița, la poalele muntelui Ceahlău
Izvorul Muntelui Lake, an anthropic lake built on the medium flow of Bistrița river, at the foot of Ceahlău Mt
▷▷

Lacul Bucura, Munții Retezat
Bucura Lake, Retezat Mountains

Lacul Sf.Ana, lac cantonat în craterul vulcanic al
masivului Puciosu, la 950 m altitudine
St.Ana Lake, formed in the volcanic crater of
Puciosu Massif, at an altitude of 950 m

Lacul Roșu - la poalele muntelui Suhardul Mare
Roșu Lake - at the foot of Suhardul Mare Mountain

Caii găsesc apa și în vârf de munte.
Horses find water even on top of a mountain.

Transfăgărășan - o impresionantă șosea care străbate masivul Făgăraș, făcând legătura între Transilvania și Țara Românească

Transfăgărășan - an impressive highway which crosses the Făgăraș Massif, linking Transylvania with the Romanian Country

Cheile Tătarului - chei săpate de râul Ialomița în formațiunile calcaroase din M-ții Bucegi

Tătarului Gorges - hollowed out by Ialomița river in the calcareous formations in the southern part of Bucegi Mountains
◁◁

Cabana Capra din masivul Făgăraș
"The Goat" Chalet - in Făgăraș Mt.

Lacul Bâlea - M-ții Făgăraș
Bâlea Lake - Făgăraș Mt.
◁◁

M-ții Făgăraș, Piscul Bâlii
Făgăraș Mountains, Bâlii Peak
▷

Cabana Brădet - Sinaia, cota 1.300 m
Brădet Chalet - Sinaia, 1300 m. high

Crucea Eroilor de pe muntele Caraiman, în masivul Bucegi
The Cross of the Heroes on Caraiman Mountain, in Bucegi massif
▷

Abruptul Coștilei - o ispită pentru alpiniști
Coștila steep slope - a temptation for mountaineers

Cascada este un voal de mireasă. Sau o beteală ce vine dinspre neștiut, prăvălindu-se peste abrupturi și bolovani.

A waterfall is like a bride's veil. Or as a gold thread which comes from some unknown place, falling down over steep slopes and rocks.

Poezia apei este o constantă a sufletului românesc. Unele râuri-pârâuri rămân frumuseţi de contemplat, altele se transformă în neuitate drumuri pentru aventuri.

The poetry of the water is a constant element of the Romanian soul. Certain rivers remain as many beauties worth being contemplated, while some others turn into unforgettable paths amongst fascinating adventures.

Liniștea și nuanțele pădurilor - chemări vii în orice anotimp.
The forests'quiet and nuances - a fascinating calling in all season.

Culoarul Rucăr-Bran - un tărâm ale cărui culori, forme, perspective întruchipează esența pitorescului.

The Rucăr-Bran corridor - a land whose colors, forms and perspectives embody the very essence of picturesqueness.

Înălțimile românești prelungesc familia peisagistică europeană.
The Romanian heights prolong the panorama of European scenery.

Castelul Bran - clădit deasupra trecătoarei cu același nume, la începutul veacului al XIII-lea, reconstruit de locuitorii Brașovului, în 1377
Bran Castle - erected above the pass with the same name, in the early 13th century and rehabilitated by Brașov inhabitants in 1377

Ruinele cetății Râșnov - sec.XIV-XVII
Râșnov - the ruins of the citadel erected in the 14-17th century

Ruinele cetății Poenari, ridicate în veacul al XIII-lea
Poenari - the ruins of the citadel erected in the 13th century

Râpa Roșie (la 3 km. de orașul Sebeș, jud.Alba) - monument al naturii, rezervație geologică extinsă pe 10 ha
The Red Slope (3 km. far from Sebeș, Alba county) - monument of nature, a geological reservation stretching on 10 ha ▷▷

Vulcanii noroioși - monument al naturii, în județul Buzău, un veritabil peisaj selenar
The Muddy Volcanoes - a monument of nature in Buzau county, a genuine selenic scenery

Sfinxul - megalit în M-ții Bucegi, obținut prin erodarea pietrei
The Sphinx - a megalith in the Bucegi Mountains, born through the rock erosion

Muntele de Sare, de la Slănic Prahova - monument al naturii, una
dintre multele mărturii ale bogatelor zăcăminte din România
The Salt Mountain, in Slănic-Prahova - a monument of nature,
one of many testimonies of the rich Romanian ores ▷▷

A stretch of
waters and earth

2.
Întinderi de
ape și pământ

Înainte de a porni la luptă, strămoșii românilor, dacii, obișnuiau să bea apă din Dunăre. Divinitățile fluviului aveau puterea să le dea curajul și norocul de învingători.

Lumea contemporană a uitat acest ritual, dar forța Dunării rămâne vie, nu numai palpabilă, materială, ci și în felurite ecouri, de la credințe și legende, la cântece și versuri. "A curge multă apă pe Dunăre", în sensul timpului care se tot adună, "a-ți curge Dunărea", semnificând o stare prielnică, sunt sintagme care au intrat demult în limbajul curent. Marele fluviu a imprimat, firește, o anume configurație spirituală celor care au trăit în preajma lui. Dunărenii sunt oameni puternici, obișnuiți să nu dea înapoi în fața greului, veseli, cu gest iute și replică promptă, ascuțită.

Dunărea la Cazane, în zona Porților de Fier, este unul dintre cele mai grandioase spectacole pe care le-a zămislit natura. Aici, "cel mai istoric dintre fluviile Europei", cum a definit geograful Simion Mehedinți bătrâna arteră de apă, cerea încordate probe de virtuozitate navigatorilor care voiau să-și strecoare corăbiile printre stâncile abrupte. Ne aflăm într-un loc pe care îl străbătea în antichitate un drum anume construit de romani, spre a pătrunde în această parte de lume ce trebuia cucerită și stăpânită. Mai poate fi văzută și acum, pe malul sârbesc, o inscripție antică ce povestește despre împăratul Traian care, după ce a refăcut această cale, a prelungit-o până în munți, unde se afla capitala Daciei lui Decebal, Sarmizegetusa. În acest fel, bătrânul Danubiu își leagă destinul de nașterea poporului român, un popor latin ivit din amestecul de sânge dintre daci și romani.

După ce a trecut de municipiul Drobeta -Turnu Severin - unde se mai pot vedea și azi vestigiile podului construit de Apollodor din Damasc - dincolo de localitățile Calafat, Zimnicea, Giurgiu, Oltenița, Dunărea trece și prin Călărași, despărțindu-se apoi în două brațe, Borcea și Dunărea propriu-zisă, pentru ca apele să se reîntâlnească din nou la Vadu Oii, iarăși să se despartă, înconjurând Insula Mare a Brăilei. Peisajul dunărean străjuiește apoi orașele Cernavodă, Hârșova, Brăila și Galați, Tulcea fiind socotit poarta de intrare în Delta Dunării.

În drumul ei spre îmbrățișarea cu Marea Neagră, Dunărea a trebuit să facă față și marelui obstacol de la Porțile de Fier, locul unde a învins încleștarea munților. Învolburarea apei a fost cândva un examen greu pentru navigatori, care au asemuit-o unor Cazane în care fluviul clocotea. Peisajul în defileul de la Cazane, lung de 45 km, este unul dintre cele mai spectaculoase din Europa.

*B*efore leaving for a fight, the Dacians, ancestors of Romanians, would drink the water of the Danube. The gods of the river benefited from the power to inspire them with the necessary courage and the good luck to help them win the battle.

The contemporary world has forgotten this rite, but the force of the Danube is still a lively one, not only tangible and material, and we still find its various echoes in the old beliefs and legends, and in songs and verse. "Plenty of water will flow on the Danube", means that time piles up; "to let the Danube flow" signifies a favorable condition; all these sayings have been part of the current language of the Romanians for quite a long time. The big river has obviously imprinted a certain spiritual configuration to those who have lived in its vicinity. The Danubian people are powerful; used to being confronted with difficulties, they are merry, quick people, with prompt, acid retorts.

The Danube at the Cazane, in the Iron Gates area, is one of the most majestic shows created by nature. There, "the most historic European river" as geographer Simion Mehedinți defined this ancient waterway, obliged navigators willing to sail their boats through the abrupt rocks to give proof of great virtuosity.

There is a certain place here where the Romans erected a road in ancient times designed to help them enter this area of the world which had to be conquered and mastered by them. We can still see, on the Serbian banks of the river, an ancient inscription telling the story of this road extended by Emperor Traian towards the mountains which sheltered the capital city of King Decebalus of Dacia, Sarmizegetusa. In this way, the old Danube has linked its destiny to the birth of the Romanian people, a Latin people who emerged from the union of the Dacians and Romans.

After having left behind the town of Drobeta-Turnu Severin, where the vestiges of the bridge built by the Roman architect Apollodor of Damascus - beyond the localities of Calafat, Zimnicea, Giurgiu, Oltenița, the Danube also passes through the town of Călărași. Afterwards it divides itself into two arms, Borcea and the Danube proper, then the waters meet again in Vadu Oii, but separate anew to surround Brăila's Big Island. Finally, the Danubian waters meet the towns of Cernavodă, Hârșova, Brăila, Galați and Tulcea, the last one, which is considered to be the entrance gate to the fascinating Danube Delta.

Găsești în Delta Dunării o teribilă lume a naturii sălbatice, în care simți adesea, muritor ce ești, că nu-ți mai sunt numărate clipele. Faci parte, dintr-o dată, din veșnicia adunată pe această Arcă a lui Noe, poți fi, în orice clipă, identic cu milioanele de făpturi văzute sau nevăzute în peisajul deltaic: pești și fluturi, libelule, porci mistreți și șerpi, sălcii, rapiță de apă și câini enot, bizami, măgăruși, cai și egrete, pelicani, iepuri și nuferi. Delta Dunării e un paradis cu păsări: peste 300 de specii, marea majoritate migratoare, 176 dintre ele cuibărind aici, multe înaripate fiind declarate monumente ale naturii - pelicanul comun și cel creț, lopătarul, piciorongul și egreta albă, călifarul roșu și cel alb. Delta Dunării e un colț de rai cu pești - peste 90 de specii - de la știucă, somn, șalău, crap ori biban la avat și anghilă, un adevărat regal oferindu-l prezența sturionilor, la Gurile Dunării, unde s-au bătut recorduri în materie de moruni, nisetri, păstrugi. Un ultim recensământ a identificat aproximativ 5000 de specii ale florei și faunei, dintre care 19 sunt descrise ca noi pentru știință. Acest impresionant mozaic de biotopuri și eco-sisteme a fost declarat zonă Ramsar, Rezervație a biosferei și Patrimoniu mondial al naturii.

In the Danube Delta, the traveler meets with that fantastic world of wildlife. In front of it, you nurture quite often the feeling that you are a mortal and that your seconds are no longer numbered. You are all of a sudden a part of the eternity gathered in this Noah's Ark, at any time you may become identical to the millions of seen or unseen beings who live in the Delta landscape: fish and butterflies, dragon flies, wild boars and snakes, willows and the water rape, and the enot dogs, the muskrat, the donkeys, horses and egrets, pelican, rabbits and water lilies. The Danube Delta is a paradise of birds. There are more than 300 species, most of them migratory, 176 of them building their nests here, many of which have been declared monuments of nature, such as the common or curly pelican, the spoon bill, the Gruidae and the white egret. The Danube Delta is definitely a corner of paradise enriched with fish - more than 90 species - starting with the pike, the zander, the sheat fish, the carp and ending with the eel. A genuine banquet is offered by the presence of sturgeon at the mouths of the Danube where real records have been made in the domain of the beluga, the common sturgeon and the sevruga. One of the latest censuses has identified about 5,000 species of flora and fauna, of which 19 have been described as representing a novelty for science. This impressive mosaic of biotypes and eco-systems has been declared a Ramsar zone, a Biosphere Reservation and a world patrimony of nature.

Răsăriturile și amurgurile în Delta Dunării sunt poeme pe care nu le uiți niciodată. Barca, ghionderul și pescarul sunt și ele repere din heraldica acestui ținut fabulos.

The sunrise and the sunset in the Danube Delta are miraculous, unforgettable poems. The boat, the raft pole and the fisherman are among the many landmarks in the heraldry of this fabulous realm.

Apus de soare la cetatea Enisala, jud. Tulcea (pag. următoare)
Sunset at Enisala stronghold, Tulcea county (next two pages)

are mică, fără flux și reflux, fără rechini, cu o salinitate redusă la jumătate față de "standardele" marine, Marea Neagră este una a celor mai palpitante aventuri petrecute în această parte de lume. Aici acostau, în legendă, argonauții lui Iason, porniți în căutarea lânii de aur, aici veneau negustorii Eladei să întemeieze cetăți înfloritoare precum Histria, Tomis, Callatis, aici își sfârșea zilele, în exil, Ovidiu, poetul latin care a căutat iubirea pe vremea când se dezmeticeau începuturile celui dintâi mileniu după Hristos.

Țărmul românesc al Mării Negre se arată aproape la fiecare pas ca un vast muzeu în aer liber, cu vestigii excepționale ale antichității greco-romane, cu adâncuri acvatice care ascund și azi relicve ale civilizațiilor dispărute. Cu portul Constanța, clădit pe vatra anticului Tomis, cu stațiuni precum Mamaia, Eforie Nord, Neptun sau Mangalia, ne găsim aici într-un loc al vacanțelor de-a dreptul privilegiat.

A soft sea, without ebb and tide, without sharks and benefiting from half of the salinity as compared to the "sea standards," the Black Sea is one of the most fabulous adventures to be found in this region of the world. This is where, according to the legend, Jason's Argonauts in search of the Golden Fleece once landed. This is where the merchants of ancient Greece came to set up flourishing cities such as Histria, Tomis and Callatis. This is where the exiled Latin poet Ovid, the delicate singer of sweet love at the beginning of the first millennium AD, passed away.

The Romanian Black Sea coast looks almost at every step like a wide open-air museum with exceptional vestiges of the Greek-Roman world, with aquatic depths which further hide the testimonies of long gone civilizations. With the port of Constanța, erected on the cradle of ancient Tomis, with such resorts as Mamaia, Eforie Nord, Neptun and Mangalia, we are in the kingdom of privileged holidays.

Fascinația mării face parte din categoria eternelor ispite. Omul va fi totdeauna fericit pe un petec de plajă, la marginea întinderilor de ape ce se unesc cu soarele și cerul. Marea nu e numai o oglindă a neliniștii, ci și a spiritului liber.

The fascination of the sea is part of the category of eternal temptations. Man will be always happy to lay on a golden beach, in the vicinity of the large stretches of water which blend with the sun and the sky. The sea is not only a mirror of the unrest but also of the free spirit.

Nimic mai misterios și mai generos pentru privire ca întinderea nesfârșită a acestei unduiri vegetale ce pare și ea un val al pământului ce vrea să se contopească cu infinitul cerului. Va exista totdeauna o frumusețe indicibilă a Câmpiei, înțeleasă, poate, de sufletele singuratice, de cele care știu să se înfioare la apariția unei fântâni cu cumpănă sau a unei pălării de floarea soarelui tânjind după astrul de foc. Există și un eroism al Câmpiei, unde vârtejurile de vânt, de ciulini, de țărână sunt chiar duhurile Mamei Pământ, această stăpână a rodului, a morții, a renașterii.

Nothing is more mysterious and generous for the amazed visitor, than the endless winding Plain that looks like an earthly wave willing to blend with the endless sky. There will always be the unspeakable beauty of the Plain, understood maybe by lonely souls, by those who are still capable of being thrilled by the sight of a village fountain or by lovely sunflowers longing after the star of fire. There is a heroism of the Plain where the whirlwinds of the wind, of the thistles, of the dust are the very spirits of Mother Earth, who reigns over the crops, death and revival.

Întinderile nesfârșite ale
unduirilor vegetale.
The endless stretches of
the vegetal kingdom.

The village, the people
traditions and faith

3.
Sate, oameni, tradiții și credință

Sfârşitul Mileniului găseşte mai tot mapamondul în apeluri din ce în ce mai repetate la o reîntoarcere spre natura primordială, spre bucuriile vieţii simple, chiar sălbatice, spre o fugă de tot ce înseamnă preparat prefabricat cu superingrediente chimice. Pentru lumea ultracivilizată, "viaţa la ţară" este acum chiar un deziderat. Şi se întâmplă, din acest punct de vedere, un veritabil paradox românesc: într-o Europă în care ruralul a devenit demult o amintire, România continuă să fie o ţară cu un număr impresionant de sate - peste 17.000 - aşezări în care atmosfera arhaică se păstrează şi în peisaj, şi în credinţe, şi în tradiţii.

Există sate de munte, cocoţate dincolo de 1.000 m altitudine, cu case risipite, ca în poveşti, sunt altele înşirate de-a lungul văilor de râuri, la subsuoara dealurilor, la poale de vii şi livezi, după cum călătorul va întâlni localităţi rurale în spaţiul Deltei Dunării şi pe malul Mării Negre. Occidentalul mai are încă, în asemenea locuri, prilej de uimire: ciobanii pot fi văzuţi în coclauri de munţi, la stâne cu focuri şi câini ieşiţi dintr-un Discovery plin de ciudăţenii, vacile se mulg, încă, manual, găinile se urcă pe prispa casei, gâştele se leagănă pe uliţe, alături de cirezile ce se întorc seara de la păscut. Mai poate fi văzută, cu alte cuvinte, o viaţă bucolică pe care lumea ultratehnologizată a vremurilor noastre o mai ştie din muzee, picturi ori alte documente de epocă.

Este asta un rău sau un bine? Oricum, este cert că domină în satele româneşti un pitoresc care poartă şi încărcătura stranie a unei autentice întoarceri în timp. Femeile lucrează încă în străvechiul război de ţesut pânzeturi de bumbac adevărat, covoare şi scoarţe de lână, superbe carpete. Mai există meşteri lemnari care fac instrumente muzicale, porţi monumentale, ciubere şi butoaie, bărci şi linguri, solniţe şi furci de tors. Căci lâna mai continuă să fie toarsă din caier de femei care merg pe drum kilometri întregi, mânând câte o vită la păscut.

Sunt locuri în România unde satul stă la marginea pădurii, aproape de căprioare, iepuri şi alte jivine, unde basmul se transformă în realitatea veacului XXI, punând imaginaţia călătorului la întrebări şi înfiorări misterioase. Merită să vezi satele româneşti mai cu seamă de Crăciun, de Anul Nou şi de Paşte, cele trei puncte cardinale ale românilor în care tradiţia înseamnă alaiuri de colindători şi de mascaţi, mâncăruri cu arome îmbietoare, rituraluri menite să întărească sufletele celor de pe pământ şi ale celor plecaţi spre ceruri. Civilizaţia rurală românească, cu biserica pe vârf de deal, nu s-a desprins încă de străvechea practică a plantelor de leac, de descântece, de viziuni cu zâne şi spiriduşi ce ţi se pot arăta când nici nu te aştepţi, de sărbători ciudate, precum ziua de 30 noiembrie, când se spune că e Noaptea strigoilor, a morţilor ce ies din morminte. Mai sunt sărbătorile populare de peste an - nedeile, ţinute duminica, însoţite de târguri, cu obiecte şi animale, Noaptea de Sânziene, la 24 iunie, când se culeg plantele medicinale, cu cel mai mare folos, Târgul de fete de pe Muntele Găina - în iulie, în Apuseni, iar toamna, de Sf. Dumitru, sărbătoarea întoarcerii oilor de la munte. În sfârşit, o nuntă la ţară, un botez sau chiar datinile de pomenire a morţilor înseamnă "altceva", o percepţie a vieţii a cărei simplitate, petrecută în atmosferă frustă, sfârşeşte prin a cuceri gusturile cele mai cârcotaşe.

The end of this Millennium is faced all over the world with ever more frequently repeated appeals to a return to primordial nature, to the joys of simple, even wild life, to escape from everything that means prefab products with super chemical ingredients. For the ultra civilized world, "life in the countryside" has even become a luring dream. From this point of view, a genuine Romanian paradox is emerging. In a Europe in which the rural elements have become a simple memory, Romania continues to be a country with an impressive number of villages - more than 17,000 settlement, where the archaic atmosphere has been preserved in the landscape, in the beliefs, in the traditions.

There are mountain villages perched high in the mountains, beyond 1,000 m. altitude, with houses scattered all over the place just as in fairy tales, while some others are spread along the river valleys, at the foot of the hills, or amid vineyards and orchards. They are just like those rural localities that the traveler will also meet in the Danube Delta or on the Black Sea shore. Western travelers will still find many reasons to be amazed. They will have the possibility of seeing the shepherds in remote mountains, in the sheepfolds with a fire and with dogs that seem to emerge from a strange Discovery movie. Cows are still milked by hand; hens climb on the balconies of the houses; and geese march in the village lanes alongside flocks of cattle returning from the pasture in the evening. To make a long story short, they will discover a bucolic life, known by the people living in this over technological world only through exhibitions in museums, or through paintings and documents that describe the epochs.

There are places in Romania where the village is hidden at the edge of the woods, close to the deer, rabbits and other animals, where the fairy tale is turned into the reality of the 21st Century, obliging the traveler's imagination to pose strange questions and experience mysterious thrills. It is worth visiting the Romanian villages mainly on the occasion of Christmas, the New Year or Easter. These are cardinal points of the Romanian year in which tradition means long corteges of carol singers and people in disguise, dishes with tempting flavors, rites meant to strengthen the souls of the living and of those who have left for heaven. The Romanian rural civilization, with the church perched on top of the hill, has not yet given up the ancient practice of medicinal herbs, of magic spells, of visions of fairies and elves which can appear the very moment when you least expect them, or of strange holidays such as the night of November 30, which is considered to be Ghosts Night when the dead leave their graves to return among the living. There are also the folk holidays throughout the year, called "Nedeie", which are celebrated on Sundays and accompanied by folk fairs in which various household objects and cattle are sold; or "Sânziene Night", which takes place on June 24, the best moment to pick up medicinal herbs; or the Maiden Fair on Găina Mountain in July in the Apuseni Mountains; or in autumn, when people celebrate Saint Dumitru, the holiday of the flocks of sheep returning from the mountains. Last but not least, a wedding, a christening or even the traditions dedicated to the memory of the dead in the countryside, mean "something else", a perception of life, whose simplicity, spent in the crude rural atmosphere ends by finally conquering even the most caviling tastes.

Ca peste tot în lume și în toate timpurile, fizionomiile și gesturile copiilor oglindesc matricea unui neam.

As it has always happened everywhere in the world, along the centuries, the children's faces and gestures mirror the origin of a people.

Ceea ce face farmecul satului este conservarea unor îndeletniciri străvechi, care se pot aduna într-un muzeu simbolic. Se mai folosesc unelte arhaice, ca și obiceiuri și credințe legate de ele. Oierii își au ritualurile lor, la fel ca și tâmplarii și viticultorii, țesătoarele în război, stuparii și pomicultorii.

The charm of the countryside is definitely represented by ancient trades which can be gathered into a symbolical museum. Archaic tools as well as the customs and faiths related to them have been carefully preserved by the villagers along the centuries. Shepherds further have their rites, the same goes for the carpenters, the wine dressers, the loom weavers, tand the fruit growers.

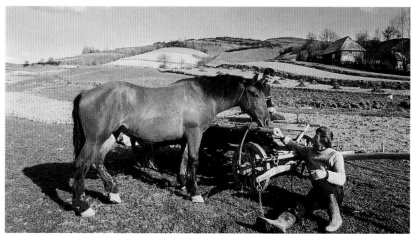

De ce stârnește, oare, atâta simpatie Maramureșul? Există japonezi, francezi, americani îndrăgostiți literalmente de această zonă din nordul României, cu munți - Țibleș, Rodna, Gutâi, Maramureș - și văi de-a lungul râurilor Mara, Iza, Vișeu, cu păduri și coline semănând cu niște valuri încremenite. Să cucerească admirația superbele biserici de lemn, cu turlele lor aducând cu niște săgeți lansate spre nori? Ori împerecherea de roșu, alb, portocaliu, albastru de pe costumele ori țesăturile populare? Să fie, oare, atât de cuceritoare dansurile și cântecele cu ritmuri sacadate, extrem de vioaie, cu chiuituri și acompaniament de tobe?

Toate acestea poartă la un loc pecetea unui duh irezistibil: copilăria. O candoare amestecată cu un bun simț negustoresc, cu îndrăzneală și vitalitate debordantă, fac din Maramureș un tărâm al oamenilor care par să continue starea de grație a vârstei de aur.

Why is Maramureș stirring up so much sympathy? There are Japanese, Frenchmen, Americans who have literally fallen in love with this region situated in northern Romania, endowed with mountains and valleys stretching along the Mara, Iza and Vișeu rivers, with woods and hills looking like stone-still waves. Have the splendid wooden churches with their spires looking like arrows launched towards the clouds won their admiration? Or have the red, white, orange or blue colors blending on their folk costumes or fabrics done it? Are their lively songs and dances with their jerky rhythms, accompanied by shouts and drums so captivating?

All these bear together the indelible seal of an irresistible state of spirit: childhood. This candor blended with a merchant's common sense, with audacity and an overwhelming vitality, turn Maramureș into the realm of those people who have seemingly preserved that state of grace of the golden age.

Cultul morților este însoțit de zile de pelegrinaj la morminte, unde se duc flori și lumânări menite să sporească lumina pe cărările celor dispăruți. Obiceiul, denumit și *Luminație*, este tipic așezărilor din Transilvania.

The cult of the dead is accompanied by pilgrimages to the graves where the people bring flowers and candles which are expected to illuminate the road covered by those in search of their eternal rest. This tradition also called "Luminance" is typical for the Transylvanian settlements.

Crucea este, fără îndoială, semnul tutelar al mileniului în care tocmai intrăm. Biserica și mânăstirea, case ale lui Dumnezeu pe pământ, rămân deschise deopotrivă credinciosului și liber-cugetătorului, dăruind tuturor frumusețea calmă a unui loc totdeauna pitoresc.

Moldova și Bucovina, cu pădurile lor impunătoare, cu așezările în care au existat reședințe sau domenii voievodale, au devenit demult destinații de pelerinaj și de încântare. Extraordinarele lăcașe aflate în patrimoniu UNESCO, bisericile Voroneț, Sucevița, Moldovița, Arbore, Humor sau Probota nu încetează să uimească cu frescele lor exterioare, care înfruntă ploile, vânturile, zăpezile, de peste 500 de ani.

The cross is obviously the tutorial sign of this new millennium. The church and the monastery, the homes of God on earth, are permanently open for both believers and atheists, providing them all with the quiet beauty of an everlastingly picturesque region.

Moldova and Bucovina with their stately woods, with the settlements that played host to the estates of the voivodes, became places of pilgrimage and delight a long time ago. The extraordinary abbeys which have been included in the UNESCO patrimony, the churches of Voroneț, Sucevița, Moldovița, Arbore, Humor or Probota will never cease to amaze us with their exterior painted frescoes which have defied the rain, the wind, the snow and the vicissitudes of time for more than 500 years.

Biserica Mănăstirii Voroneț, ctitorie a domnitorului Ștefan cel Mare (1488). Remarcabil monument al artei feudale românești, cu somptuoase picturi executate pe un fond intrat în circuitul mondial cu numele de "albastru de Voroneț".

Church of Voroneț Monastery, founded by ruling prince Stephen the Great (1488.) A remarkable monument of Romanian feudal art, with fabulous paintings made against a background which has entered the world circuit under the name of "Voroneț blue."

▷

Sucevița: vedere de ansamblu a complexului monahal, ctitorie a fraților Gheorghe și Ieremia Movilă
Sucevița: a global view of the monastic center, founded by brothers Gheorghe and Ieremia Movilă

De o biserică sunt legate totdeauna fie o legendă, fie o icoană făcătoare de minuni sau relicvele unui sfânt. Impunătorul edificiu de la Curtea de Argeș s-a ridicat abia după ce Meșterul Manole a zidit la temelie trupul frumoasei sale soții, Ana.

Există în România tainice lăcașuri săpate în stâncă precum cele de la Basarabi, Nămăiești, Aluniș, Turnu ori Bistrița. Una dintre ele este și cea de la Corbii de Piatră, un loc pe malul Argeșului, întotdeauna vegheat de zborul păsărilor.

Either a legend, or a miracle working icon, or the relics of a saint are always connected with a church. The majestic edifice of Curtea de Argeș was raised only after Master Mason Manole buried the body of his lovely wife, Ana, in its foundation.

In Romania there are many other secret edifices, such as those of Basarabi, Nămăiești, Aluniș, Turnu or Bistrița. A similar one is to be found in Corbii de Piatră, on the banks of the Argeș River, a place permanently watched over by the fluttering wings of the birds flying in the wind.

Schitul rupestru Corbii de Piatră (jud.Argeș) - sec. XIV-XV
Corbii de Piatră, rupestrian hermitage (Argeș county) - late 14-15th century ▷▷

Biserica Mănăstirii Curtea de Argeș, biserică episcopală, ctitorie a domnitorului Neagoe Basarab (1512-1517)
Church of Curtea de Argeș Monastery, an episcopal church, founded by ruling prince Neagoe Basarab (1512-1517)

Vedere de ansamblu a complexului monahal Tismana (jud.Gorj)
Global view of Tismana monastic center
▷

Mănăstirea Hurez - cel mai mare ansamblu de arhitectură medievală păstrat în Țara Românească
Hurez Monastery - the most important monument of medieval architecture, preserved in Wallachia

Biserica "Sfânta Treime" a mănăstirii Cozia (1387-1388) - adăpostește mormântul domnului Mircea cel Bătrân, ctitor al acestui lăcaș de cult
"Holy Trinity" Church of Cozia Monastery (1387-1388) which shelters the grave of ruling prince Mircea the Old, who founded this abbey

Istoria saşilor din Transilvania poate fi urmărită pe viu, colindând oraşele şi satele unei zone pe care coloniştii ce erau aduşi aici, la începutul veacului al XII-lea, au numit-o "Siebenbürgen". Era un fel de republică "militară, confesională şi economică", cum avea să o definească geograful Simion Mehedinţi, "o insulă privilegiată, aproape fără asemănare în întreaga Europă a feudalismului şi monarhiei absolute". Către anul 1600, existau în Transilvania 300 de cetăţi săseşti, din care jumătate s-au păstrat în bune condiţii până în zilele noastre.

The history of the Transylvanian Saxons can be witnessed when strolling through the towns and villages of a region called "Siebenbürgen" by the colonists brought there in the early 12th Century. The latter was a kind of "military, confessional and economic" republic, as defined by geographer Simion Mehedinţi, "a privileged island, almost unique in all of the feudal Europe of absolute monarchies." In the year 1600, there were 300 Saxon citadels in Transylvania, half of which have been preserved in good condition up to our own time.

Cetatea fortificată din satul Biertan - jud. Sibiu.
The fortified church in Biertan village - Sibiu county
▷

Biserica fortificată din satul Cincşor - jud.Braşov.
The fortified church in Cincşor village - Braşov county

Biserica fortificată din satul Cristian - jud.Sibiu.
The fortified church in Cristian village - Sibiu county

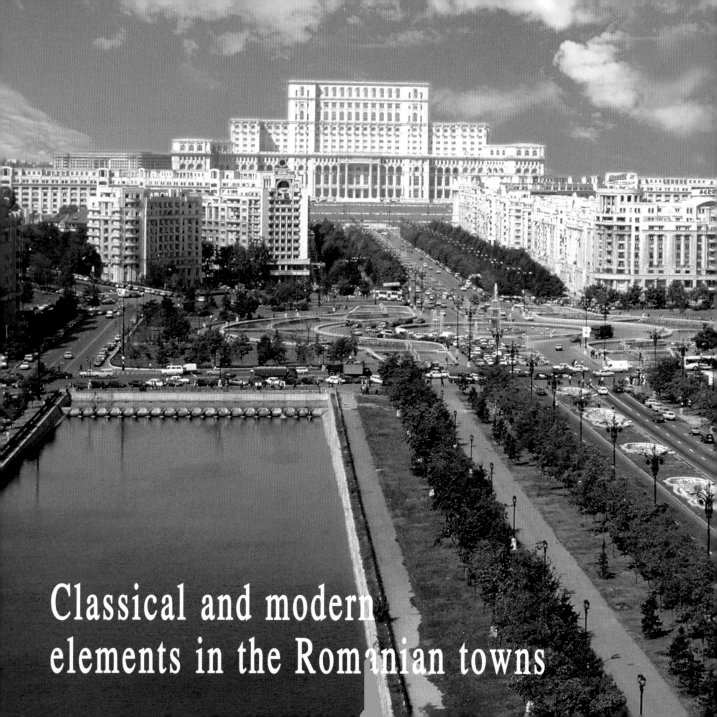

Classical and modern
elements in the Romanian towns

4. Clasic și modern
în orașele României

lădirile sunt, de regulă, cei mai fideli martori ai istoriei. Elegantul edificiu al Anteneului Român din centrul capitalei românești povestește despre epoca de la 1888, când, în plină efervescență culturală, un grup de intelectuali ridica aici o sală pentru conferințe publice, expoziții și concerte. Era, pe atunci, un București care își înălța frumoasele clădiri în stil neoclasic ce aveau să-i aducă, laolaltă cu atmosfera rafinată, renumele de "Micul Paris". Nu departe, este Universitatea, legată de amintirea domnitorului Alexandru Ioan Cuza, sub al cărui sceptru a fost înfăptuită, în 1859, Unirea Principatelor Române. Instituția, inaugurată în 1869, făcea din acest oraș, așezat pe malurile râului Dâmbovița, în plină câmpie, un centru studențesc care a dat generații de intelectuali de clasă internațională.

Între reperele arhitectonice de ieri și de azi ale capitalei românești, călătorul va cerceta cu interes Palatul Casei de Economii și Consemnațiuni, Cercul Militar Național, Biblioteca Centrală Universitară, Palatul Regal adăpostind azi Muzeul Național de Artă al României, Institutul de Arhitectură "Ion Mincu", Palatul Șuțu, în care se găsește Muzeul de Istorie a Municipiului București, fostul Palat al Parlamentului, învecinat cu Patriarhia Română.

Există în București și nucleul orașului medieval care împlinea, în 1999, 540 de ani de atestare documentară. Este vorba de Curtea Veche, unde pot fi văzute vestigiile unui palat care evocă chipurile unor domnitori ce au dat faimă istoriei românești - Mircea cel Bătrân, Radu cel Frumos, Vlad Țepeș, Mihai Viteazul, Constantin Brâncoveanu. Aici, unde se înalță cea mai veche construcție din oraș rămasă în picioare în forma ei originară, Biserica Mircea Ciobanul, s-a statornicit un important vad comercial ce-și poartă ecourile până în zilele noastre, pe străzi cu magazine și denumiri pitorești precum Lipscani, Covaci, Gabroveni, Blănari, Șepcari. Călătorii prin veacurile "cetății lui Bucur" - cum i s-a spus orașului întemeiat, conform legendei, de un cioban Bucur venit să-și pască oile pe-aici - au fost totdeauna impresionați de mulțimea bisericilor, modeste prin dimensiunile lor, dar cuceritoare prin stilul arhitectonic și bogăția odoarelor religioase.

Între reperele Bucureștiului contemporan sunt câteva construcții devenite și ele emblematice: Palatul Parlamentului - al doilea în lume, după Pentagon, ca volum construit - hotelurile Inter-Continental, Sofitel, Marriott, Continental. Vizitatorul Bucureștiului va fi fermecat în orice anotimp de două unicate care pun o pecete inconfundabilă asupra acestui oraș crescut dintr-o pitorească țesătură rurală: Muzeul Satului, așezat pe malul lacului Herăstrău, întruchipând cu zecile lui de gospodării țărănești o sinteză etnografică plină de poezie, și Muzeul Țăranului Român, conceput de creatorul lui, pictorul Horia Bernea, într-o manieră cu totul originală, pentru care a și primit, în 1994, trofeul "Cel mai bun muzeu european al anului".

Ateneul Român (1886-1888) - arhitect A. Galleron.
The Romanian Atheneum (1886-1888) - architect A. Galleron.

Buildings are, usually, the most faithful witnesses of history. The smart edifice of the Romanian Atheneum, situated in downtown Bucharest, illustrates the epoch of the year 1888, when, in full cultural effervescence, a group of Romanian intellectuals raised a hall here designed for holding public conferences, exhibitions and concerts. Beautiful buildings in neo-classical style were erected at that time in Bucharest, which, along with the refined atmosphere reigning here, brought to this city the nickname of "Little Paris." Not far away, we find the University connected to the memory of Prince Alexandru Ioan Cuza under whose scepter the Union of the Romanian Principalities was achieved in 1859. This institution, inaugurated in 1869, turned this city, located on the banks of Dambovița River in the middle of a plain, into a student center, which has yielded long generations of intellectuals of international fame.

Among the architectural landmarks of yesterday and today in Romania's capital city, the traveler will contemplate with interest the Palace of the Savings Bank (CEC), the National Military Circle, the Central University Library, the Royal Palace which shelters today the National Art Museum of Romania, the Ion Mincu Institute of Architecture, the Șuțu Palace which plays host to the Museum of History of the Bucharest Municipality, and the former Parliament Palace, neighboring the Romanian Patriarchy.

We also find, in Bucharest, the nucleus of the medieval city that celebrated in 1999 the 540th anniversary of documentary attestation. This is Curtea Veche (The Old Court) where the traveler can see the vestiges of a palace which evokes the image of some of the ruling princes who have lent fame to Romanian history - Mircea the Old, Radu the Handsome, Vlad Țepeș (the Impaler), Michael the Brave, Constantin Brâncoveanu. Here, where the oldest construction in town that has been preserved in its original form, Mircea Ciobanul Church, is located, an important commercial district was established. Its echoes have been maintained up to our own days with its narrow streets and small shops, with picturesque names such as Lipscani, Covaci, Gabroveni, Blănari and Sepcari. Through the centuries, in "Bucur's city" - as the shepherd was called whose sheep were grazing in the place in which the town was founded - travelers have always been impressed with the multitude of churches that are quite modest in size but very attractive in their architectural style and in the beauty of their religious treasures.

Among the landmarks of contemporary Bucharest, there are a few constructions worth mentioning which have also become emblematic for the city: the Parliament Palace - the second largest building in the world after the Pentagon in terms of building volume - the Inter-Continental, the Sofitel, the Marriott and the Continental Hotels. The visitor in Bucharest will be charmed in any season by two unique museums which have imprinted an indelible seal on this city born from amidst a picturesque rural texture: the Village Museum, situated on the banks of Herastrău Lake, which embodies with its dozens of peasant houses an ethnographic synthesis imbued with poetry, and the Museum of the Romanian Peasant, conceived by its creator, painter Horia Bernea, in a very original manner, which attracted to it, in 1994, the trophy for "The Best European Museum of the Year."

Casa de Economii și Consemnațiuni (1896-1900).
The Savings Bank (1896-1900).
◁◁

Piața Universității - Hotelul Inter-Continental și Teatrul Național.
University square - Inter-Continental Hotel and the National Theatre.
▷

Palatul Cantacuzino (astăzi Muzeul Muzicii Românești) - arhitect I.D.Berindei (1898-1900).
The Cantacuzino Palace (today the Romanian Music Museum) - architect I.D.Berindei (1898-1900).

Pasajul Villacrosse.
The Villacrosse Passage.
▷

Hanul lui Manuc, construit
în 1808 de Manuc-Bei.
The Manuc's Inn, built by
Manuc-Bey in 1808.

Va fi greu să facem o ierarhie a orașelor românești. Pentru că, în cele din urmă, farmecul unei asemenea așezări nu-l dă nici mărimea suprafeței, nici numărul de locuitori. Un bun exemplu ar fi un orășel precum *Curtea de Argeș*, încântător tocmai prin aspectul lui miniatural, cuprinzând o întreagă cronică istorică. Era aici una dintre primele capitale românești, alături de care, cu tot atâta vrajă, îți porți pașii prin orașe ca *Târgoviște*, *Câmpulung Muscel*, *Baia*, *Siret*, *Suceava*, *Iași* - reședințe voievodale ale căror ecouri pot fi ascultate și azi fie în săli de muzee, fie pe străzile ce n-au cunoscut încă șocurile modernizării. Iașul, de pildă, capitală a Moldovei până la Unirea Principatelor Române, este asemuit, prin așezarea lui pe șapte coline, Romei, rămânând un oraș al studenților, al scriitorilor și al romantismului.

În inima Transilvaniei e *Cluj-Napoca*, clădit pe vatra cetății dacice Napoca, centru cultural de tradiție, cu universitate, cu mari clinici în care au lucrat medici de renume mondial, cu primul Institut Speologic din lume, întemeiat de savantul Emil Racoviță, cu o vestită Grădină Botanică, cu teatre și operă.

Călătorul pe meleagurile transilvănene mai are de văzut legendara *Alba Iulia*, care a fost cândva castrul roman Apulum, oraș în care s-a consfințit Marea Unire de la 1 Decembrie 1918, când s-a creat Regatul României Mari. Transilvănean este *Brașovul*, așezat la poale de munte, cu atmosferă medievală ce va fi păstrată și întărită mai departe, la *Sibiu*, la *Sighișoara* și *Mediaș*, unde zidurile de cetate și străzile par și astăzi pregătite să primească alaiuri de cavaleri. Plin de studenți se arată și orașul *Târgu Mureș*, așezat pe malul râului Mureș, ca și *Aradul*, reședința județului cu același nume, înconjurat cu o pitorească zonă de podgorii și livezi.

În nord-vestul țării e *Oradea*, reședința județului Bihor, municipiu prin care trece râul Crișul Alb; în nord merită să poposești la *Baia Mare*, pentru a porni apoi pe raze de drumuri înspre fabuloasele ținuturi maramureșene. În vestul României, *Timișoara*, în care s-au declanșat evenimentele din decembrie 1989, are faima de a fi fost printre primele orașe europene luminate cu gaz aerian și deținătoare de tramvai cu cai. În inima provinciei Oltenia, municipiul *Craiova* impresionează cu elegantele lui case boierești, veritabile palate, care atestă că aici au trăit, cândva, unii dintre cei mai bogați oameni din România. Tot cu pecete românească sunt orașele *Târgu Jiu* - unde marele sculptor Constantin Brâncuși a lăsat trei dintre capodoperele sale, "Coloana infinită", "Masa tăcerii" și "Poarta sărutului" - și *Râmnicu Vâlcea*, o așezare cochetă, plină de verdeață, care prefațează frumoasa zonă a Văii Oltului, una dintre cele mai pitorești ale României.

Mici orășele învestmântate în haina bogată a naturii sunt și stațiunile montane și balneoclimaterice românești - un număr impresionant de asemenea așezări, peste 160 - din care binecunoscute, cu tradiții istorice, sunt Băile Herculane și Sovata, Tușnad, Slănic Moldova și Băile Felix, Băile Govora, Olănești și Călimănești-Căciulata, Buziaș și Borsec, Predeal, Bușteni și Poiana Brașov. Pentru a rotunji această imagine, extrem de succintă, facem loc "Perlei Carpaților", stațiunea montană Sinaia, aleasă de regele Carol I spre a-i fi reședință de vară, loc unde suveranul înălța unul dintre cele mai frumoase castele din această parte de lume, Peleșul, o bijuterie arhitectonică, adăpostind azi colecțiile unui admirabil muzeu.

Sinaia - Castelul Peleș.
Sinaia - Peleș Castle.

It is obviously a difficult task to create a hierarchy of Romanian towns because, after all, the charm of such settlements is not lent either by their size or the number of inhabitants. Curtea de Argeș, a lovely small city because of its miniature-like aspect, an authentic chronicle of a rich history, would undeniably represent a good example in this respect. Curtea de Argeș was one of the first capital cities of Romania, but equally charming are such towns as Târgoviște, Câmpulung Muscel, Baia, Siret, Suceava and Iași. In their princely residences echoes can be heard today, as well, either in the halls of their museums or in the streets which have not yet been confronted with the shock of modernization. Iași, for instance, the capital city of Moldova until the Union of the Romanian Principalities, has been compared to Rome because it rests on seven hills. It is still a romantic town full of students and writers.

In the very heart of Transylvania, we find the city of Cluj-Napoca, erected in the cradle of the Dacian citadel of Napoca. It is a cultural center with ancient traditions, with a university, with important clinics where doctors of world fame have carried out their activities, with the first Speleological Institute in the world that was founded by the well known Romanian scientist Emil Racoviță, with a famous Botanical Garden, with theaters and an opera house.

The traveler in Transylvania can also visit legendary Alba Iulia, known in ancient times as the Roman camp of Apulum, the town where the Great Union of 1 December 1918 was sanctioned. That was the moment in which the Kingdom of Greater Romania was created. Another lovely Transylvanian town is Brașov, a city located at the foot of a mountain. In Sibiu, Sighișoara and Mediaș, the fortified walls and the winding streets are seemingly ready to welcome the pageantry of the knights. Let us also mention the town of Târgu Mureș, with its crowds of young students, situated on the banks of the River Mureș, or Arad, surrounded by a picturesque region covered with rich vineyards and orchards.

In the northwestern region of the country, we find Oradea, the residence town of Bihor County, crossed by Crișul Alb River. It is worth making a short stop in Baia Mare in the north, the starting point for numerous trips into the fabulous Maramureș region. In western Romania, Timișoara, the city where the flame of the December 1989 Revolution was lit, boasts the fame of having been one of the first European towns to benefit from gas lighting and to possess a horse-drawn tramway. In the very heart of the province of Oltenia, Craiova impresses the visitor with its elegant aristocratic houses, genuine palaces, attesting to the fact that some of the richest men in Romania had once lived here. A city with an indelible Romanian touch is Târgu Jiu where the great Romanian sculptor, Constantin Brâncuși, carved and erected three of his masterpieces, the "Endless Column," the "Table of Silence" and the "Gate of the Kiss" - as well as Râmnicu Vâlcea, a smart city with plenty of trees and flowers, which introduces the visitor to the fine Olt Valley, one of the most picturesque regions of Romania.

Small cities clad in the rich attire of nature are the mountain resorts and the Romanian spas. There are more than 160 such resorts and spas in our country among which, worth mentioning for their fame and historical traditions, are Băile Herculane, Sovata, Tușnad, Slănic Moldova, Băile Felix, Govora, Olănești, Călimănești-Căciulata, Buziaș, Borsec, Predeal, Bușteni and Poiana Brașov. To complete this extremely brief image, let us also mention the "Pearl of the Carpathians," the mountain resort of Sinaia, selected by King Carol I to be his summer residence. There the sovereign erected one of the finest castles in this region of the world, Peleș Castle, an architectural gem which hosts today the collections of an admirable museum.

Ploiești: Catedrala Sf.Ioan.

Ploiești: Sf. Ioan Cathedral.

Brașov: Casa Sfatului, (sec.XIII-XIV), adăpostește azi Muzeul de istorie a orașului.

Brasov: Casa Sfatului, a building (13-14th centuries) hosting today the History Museum .

◁◁　　　　　　　　　　　　　　　　　　　　　　　　　　　　　　　　　　　　▷

Hunedoara: Castelul Corvineștilor, clădit în veacul al XIII-lea, cu adăugiri și modificări în timpul lui Iancu de Hunedoara (voievod al Transilvaniei), ca și după aceea.

Hunedoara: Corvin Castle, erected in the 13th century, with new wings added and rehabilitated during the reign of Iancu of Hunedoara (voivode of Transylvania).

Sibiu: Biserica evanghelică, în stil gotic transilvănean,
clădită în veacurile XIV-XVI.
*Sibiu: Evangelical Church, erected in the Transylvanian
Gothic style, in the 14-16th centuries.*
▷

Târgu Mureș: Palatul Culturii (dreapta), construcție din anii 1911-1913.
Târgu Mureș: the Palace of Culture (right) dating from 1911-1913.

Alba Iulia: Catedrala Reîntregirii, lăcaș în care au fost încoronați, în octombrie 1922, regele Ferdinand și regina Maria.

Alba Iulia: the Reunion Cathedral, where King Ferdinand and Queen Maria were crowned in October, 1922.

Sighișoara: Turnul cu ceas, clădire din secolul al XIV-lea, emblematică pentru acest pitoresc oraș medieval, legat de legenda lui Dracula.

Sighișoara: The Clock Tower, a building dating from the 14th century, emblematic for this picturesque medieval town, related to Dracula's legend.

Cluj-Napoca: Biserica Sf.Mihail, în stil gotic, ridicată de-a lungul a două secole (XIV-XVI).
Cluj-Napoca: "St. Mihail" Church, erected in Gothic style, along two (14-16) centuries.
▷

Satu Mare: hotelul Dacia (P-ța Libertății), construcție în stil Secession (1909).
Satu Mare: Dacia Hotel (Piața Libertății) a construction in Secession style (1909).

Baia Mare: Turnul lui Ștefan, numit și Turnul cu ceas, construcție din sec. XIV.
Baia Mare: Stefan's Tower, also called the Clock Tower, a building dating from the 14th century.

Timișoara: nocturnă cu cea mai populară fântână a orașului, având
în fundal Catedrala ortodoxă a Mitropoliei Banatului.
*Timișoara: night view of the most popular fountain of the town,
with the Orthodox Metropolitan Church of Banat in the background.*
▷

Arad: Palatul administrativ.
Arad: Administrative Palace.

Târgu Jiu: Poarta Sărutului, operă a lui Constantin Brâncuși, care a lăsat aici un excepțional ansamblu sculptural.
Târgu Jiu: The Gate of the Kiss, carved by Constantin Brâncuși, who erected here an exceptional sculptural ensemble.
▷

Pitești: Biserica Domnească, ctitorie din 1656 a domnitorului Constantin Șerban Basarab.
Pitești: the Princely Church, founded in 1656 by ruling prince Constantin Șerban Basarab.

Drobeta-Turnu Severin: în centrul municipiului.
Drobeta-Turnu Severin: downtown.

Suceava: ruinele Cetății de Scaun, reședință a
voievodului Ștefan cel Mare (1457-1504).
*Suceava: the ruins of the Princely Court, residence
palace of voivode Stephen the Great (1457-1504).*

▷

Iași: Palatul Culturii, edificiu în stil neogotic, construit la începutul
veacului XX, după planurile arhitectului I.D.Berindei.
*Iași: the Palace of Culture, edifice in neo-Gothic style, erected in the early
20th century, in keeping with the plans of architect I.D. Berindei.*

Constanța: pe faleză, Cazino-ul, o atracție pentru turiștii ajunși pe malul Mării Negre (construit între anii 1907-1910).
Constanța: on the seafront promenade, the Cazino, the tourist emblem of the city (erected between 1907-1910).

Tulcea: cândva antica cetate Aegyssus, azi oraș în care călătorii se îmbarcă spre Delta Dunării.
Tulcea: the ancient citadel of Aegyssus, the gate to the fascinating Danube Delta.

Singurătate, zbucium, dar și liniște de ape, reper pentru călătorul pierdut în spațiu,
toate se adună în simbolul unui far care nu încetează să tulbure imaginația fotografului...
*Solitude, unrest but also the quiet of the waters, a landmark for the traveler lost in space -
all these are gathered into the symbol of a lighthouse meant to permanently stir the
photographer's imagination....*